L'ŒUVRE COLONIALE DU PORTUGAL

pendant les trente dernières années

CONFÉRENCE

FAITE A

L'ÉCOLE LIBRE DES SCIENCES POLITIQUES

à Paris, le 7 Février 1912

Sous la présidence de **M. RAPHAEL-GEORGES LÉVY**

Par M. le Comte de PENHA-GARCIA,

ancien Ministre et Président de la Chambre des Députés du Portugal,
membre de la Cour Permanente d'Arbitrage de la Haye,
ancien élève diplômé de l'École des Sciences Politiques.

L'ŒUVRE COLONIALE DU PORTUGAL

pendant les trente dernières années

———

CONFÉRENCE

FAITE A

L'ÉCOLE LIBRE DES SCIENCES POLITIQUES

à Paris, le 7 Février 1912

Sous la présidence de **M. RAPHAEL-GEORGES LÉVY,**

Par M. le Comte de PENHA-GARCIA,

ancien Ministre et Président de la Chambre des Députés du Portugal,
membre de la Cour Permanente d'Arbitrage de la Haye,
ancien élève diplômé de l'École des Sciences Politiques.

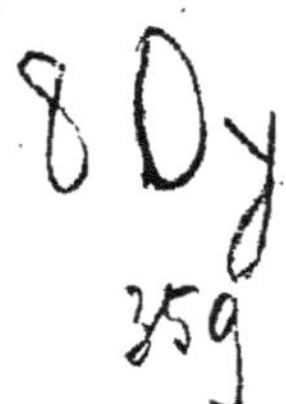

ALLOCUTION

DU PRÉSIDENT M. RAPHAEL-GEORGES LÉVY

Mesdames, Messieurs,

Les liens qui attachent le Portugal à la France ne datent
pas d'hier. A la fin du xie siècle, un arrière-petit-fils du
roi Robert s'illustrait dans la péninsule, épousait en 1094
la fille du roi de Léon, et devenait lui-même comte de
Portugal. Son fils Alphonse Ier fut proclamé roi et fonda
ainsi l'illustre dynastie, dont les descendants ont régné
pendant des siècles à Lisbonne. Dès lors existaient entre
les deux pays non seulement des relations politiques et
commerciales, mais des rapports intellectuels : des étu-
diants portugais grossissaient la foule des jeunes gens
qui, de tous les points du monde européen, venaient
s'instruire sur la montagne Sainte-Geneviève : on cite
des professeurs portugais qui enseignèrent alors avec
éclat à Bordeaux et à Paris : des membres de la famille
Gouveia, dont un représentant est ce soir même dans la
salle de l'École, furent au nombre de ces maîtres dont
la parole retentit en Sorbonne. Ces affinités persistent :
aux étalages des librairies de la capitale lusitanienne, il
y a, aujourd'hui, autant de livres français que d'ouvrages
portugais : nulle part notre littérature n'est plus appréciée,
ni mieux comprise. L'accord commercial enfin signé en
1911 entre les deux pays, après une guerre de tarifs qui

durait depuis 1892, a été salué avec joie par tous ceux qui désirent voir se développer leurs relations et se fortifier leurs sympathies.

Les raisons qui nous intéressent à une conférence ayant le Portugal pour objet sont donc nombreuses. Notre attention s'éveille encore davantage lorsque nous savons qu'elle a trait à la question coloniale. Le Portugal a été, parmi les peuples européens, le premier à porter au loin son influence et à étendre son empire au delà des mers. Dès le milieu du xve siècle, ses marins s'avançaient de plus en plus le long de la côte occidentale d'Afrique. En 1462, ils avaient déjà dépassé Sierra Leone. En 1471, José de Santarem et Pedro de Escobar découvrirent la Côte-d'Or et le Gabon. En 1483, le roi Jean prenait le titre de seigneur de Guinée. Enfin en 1488, Dias doublait le cap des Tempêtes, plus tard baptisé du nom du Cap de Bonne-Espérance. Dix ans après, sous le règne du roi Emmanuel le Fortuné (1495-1521), Vasco de Gama trouvait la route des Indes orientales et ouvrait à ses compatriotes un autre hémisphère où ils allaient rencontrer les Espagnols : ceux-ci, guidés par Christophe Colomb en 1493, s'élançaient vers l'Amérique et ce qu'on appelait alors les Indes occidentales. Presque en même temps, en 1500, Cabral découvrait le Brésil et dotait le Portugal du joyau de ses colonies. Un pape dut intervenir et tracer sur le globe terrestre la ligne de démarcation entre les possessions des deux nations qui paraissaient destinées à dominer le monde. Grâce à une lignée de rois qui furent des conquérants et des organisateurs, le Portugal tenait alors un rang et jouait un rôle bien au-dessus de celui que sa population et son territoire semblaient devoir lui assigner.

Il subit une éclipse de 1580 à 1640, pendant les soixante années où il fut soumis à la domination espagnole. Quand il recouvra son indépendance, il avait perdu ses principaux établissements en Afrique et en Asie. Aù commencement du xixe siècle, le Brésil, où la dynastie portugaise, fuyant devant les armées de Napoléon Ier, s'était réfugiée, proclama son indépendance. Dom Pedro, fils du roi Jean, devint en 1822 empereur de ce merveilleux pays, dont le développement rapide est aujourd'hui l'objet de l'admiration de l'Europe.

Malgré ces mutilations successives, le domaine colonial du Portugal reste encore important. Il comprend, sans parler des îles voisines de l'Europe et qui font partie intégrante de la métropole, la Guinée portugaise, enclavée dans les possessions françaises, les îles du Cap Vert, l'île de Saint-Thomas et celle du Prince, le gouvernement d'Angola qui embrasse le Congo portugais, Ambriz, Loanda, Benguela, dont le port est excellent, Lobito où touchent les vapeurs de la *Castle line* et qui est la tête de la ligne de chemin de fer qui se dirige vers le Katanga et dont 3oo kilomètres sont déjà construits. Plus au sud de la côte occidentale d'Afrique, nous trouvons le Mossamedes, sur le territoire duquel a été formée, outre celle qui porte son nom, la compagnie de Kassanga. C'est de ce côté que fut organisée, il y a quelques années, l'expédition du capitaine Roçadas qui a pacifié une vaste étendue de territoire et a été unanimement admirée dans les milieux coloniaux.

Sur la côte orientale, en remontant du sud au nord, nous rencontrons le Mozambique, avec le port de Lourenço-Marques, qui a pris une importance considérable depuis l'ouverture du Transvaal à l'industrie minière, et celui qui a été baptisé, en l'honneur de l'héritier du trône, qui portait le titre de prince de Beira. A propos de Lourenço-Marques, il nous sera permis de rappeler que la possession en avait été contestée au Portugal par l'Angleterre, que les deux puissances s'en rapportèrent à l'arbitrage de la France, et que ce fut en vertu de la sentence du maréchal de Mac-Mahon, alors président de la République, que le Portugal resta en possession de ce point si important. Plus au nord, nous rencontrons Quilimane, le Zambèse, Tète, Ibo, le territoire de la Compagnie à charte du Nyassa.

Dans l'Inde, le Portugal avait jadis de vastes possessions, dont le gouverneur portait le titre de vice-roi des Indes, illustré par des hommes comme Albuquerque. Aujourd'hui il a gardé Goa, bon port, terminus d'une ligne de chemin de fer, siège d'un gouvernement général et d'un archevêché, dont le titulaire, primat des Indes, est encore à la tête de toutes les missions catholiques de la région. En Chine, il a Macau, près de Hong-Kong; enfin, en Océanie, la moitié de l'île de Timor, située au nord de l'Australie, et dont le reste appartient aux Hollandais.

Des efforts intéressants ont été faits depuis trente ans par le Portugal pour mettre en valeur les vastes territoires qu'il possède encore hors d'Europe, particulièrement en Afrique. Le budget métropolitain supporte des dépenses qui dépassent 10 millions de francs pour soutenir et développer plusieurs de ces colonies. Aussi nous associons-nous aux paroles de M. Paul Leroy-Beaulieu lorsqu'il écrit « qu'avec de l'habileté, un libéralisme éclairé et pondéré, le concours de peuples plus riches et bienveillants, le Portugal parviendra à conserver aux héritiers des navigateurs des xv⁰ et xvi⁰ siècles, pionniers de la civilisation du vieux continent, une partie des terres que ceux-ci ont découvertes et occupées ».

Il me reste à remplir la partie la plus agréable de ma tâche, celle de vous présenter notre conférencier. Le comte de Penha-Garcia fut mon élève de 1892 à 1894. Il suivit nos cours et prit une part active aux travaux des conférences d'application. Il appartient à la brillante pléiade des jeunes étrangers de distinction qui viennent s'asseoir sur les bancs de la rue Saint-Guillaume et s'y inspirer des idées que mes collègues et moi nous nous efforçons de répandre, en matière économique et financière. Dès cette époque, nous lui prédîmes un brillant avenir : sa jeunesse n'a pas été longue à tenir les promesses de son adolescence. Député en 1897 aux Cortès de Lisbonne, où il représentait Macao et Timor dont il va nous parler, il devint ministre des Finances en 1905, puis président de la Chambre en 1910. Il a bien voulu m'assurer que lorsqu'il administrait le Trésor de son pays, il se souvenait de nos leçons, et que nos principes, auxquels il resta fidèle, lui permirent, au cours de sa carrière parlementaire, d'économiser quelques millions au budget portugais, notamment par son intervention lors de la discussion de la dernière loi de comptabilité.

Ce n'est pas une des moindres joies de l'enseignement que de recevoir ainsi, des diverses parties du monde, l'écho des doctrines que nous professons et de voir nos élèves parcourir des carrières glorieuses en affirmant la solidité des liens qui les attachent à nous. Rien n'aide mieux au maintien de cette harmonie que la Société des élèves et anciens élèves de l'École des Sciences politiques, qui compte aujourd'hui près de 1.400 membres, dont un grand nombre d'étrangers. Grâce à elle, grâce aux réunions qu'elle provoque, les générations qui se sont succédé dans nos amphithéâtres, se retrouvent ensuite d'une façon durable et établissent peu à peu entre elles une cohésion précieuse, sur un terrain d'action commune et d'entente permanente. Il se crée ainsi un véritable esprit de corps, dans ce qu'il a de meilleur : il consiste, non pas à cultiver une camaraderie égoïste sans autre but que celui de soutenir entre eux les desservants d'une petite chapelle, mais à marcher en vertu de vues et de sentiments identiques, d'aspirations généreuses, vers un état meilleur des sociétés humaines, en appliquant systématiquement les leçons de l'Histoire et de la Science.

Rien ne nous est plus agréable que de voir revenir parmi nous des disciples dont nous avons gardé soigneusement la mémoire et qui ont porté si haut, au dehors, le renom de l'École. Ils viennent nous parler des choses de leur pays avec la double autorité du savoir et de l'expérience ; aussi est-ce avec un plaisir tout particulier que je donne la parole au comte de Penha-Garcia, qui va vous entretenir de l'œuvre coloniale du Portugal pendant les trente dernières années.

CONFÉRENCE

DE M. LE COMTE DE PENHA-GARCIA

Mesdames,
Cher Maître,
Messieurs,
Mes chers Camarades,

Vous devinez certainement la profonde et réelle émotion qui me saisit en ce moment. Je me souviens du temps où je venais ici en écolier; et ces murs, quoique bien nus, sont pour moi en pleine floraison des souvenirs d'antan. Cet amphithéâtre se remplit de choses qui ne sont plus. L'air est embaumé des souvenirs d'autrefois. Il y flotte des souvenirs tristes et des souvenirs joyeux. Il y a de grands contrastes de joie et de tristesse, de bonheur et d'amertume; et parmi ces derniers, comme un des plus sombres je vous signalerai le regret de notre cher directeur et de plusieurs chers maîtres disparus pour toujours. C'est ainsi la loi éternelle de la vie. Il faut la subir telle qu'elle est. Tout au plus on peut, élevant bien haut le cœur, crier comme Maeterlinck : « Il n'y a pas de mort ». Oui, Messieurs, je pense que les esprits de nos chers disparus planent sur cet amphithéâtre et qu'ils vont me suivre et m'aider pendant que je réaliserai ma bien modeste conférence.

Je vous remercie, cher Maître, de tout ce que vous avez bien voulu dire d'agréable pour mon pays. Nous traversons en ce moment une crise de la gravité de laquelle nous nous rendons bien compte. Et c'est en ces moments-là justement que toutes les paroles et surtout que tous les actes de consolation nous sont plus agréables; c'est à ce moment qu'on a le plus besoin d'amitiés, surtout d'amitiés dévouées et profondes comme la vôtre.

D'autre part, vous avez dit tellement de bien de moi qu'il est inutile de mettre mon auditoire en garde contre ce qu'il y a de bonté, de bienveillance et d'amour pour moi dans les paroles que vous avez bien voulu prononcer et qui, malheureusement pour moi, sont assez loin de la réalité.

Je dois vous remercier, Messieurs mes anciens collègues de la Société des élèves et anciens élèves, de l'accueil charmant que vous m'avez fait. Je suis très heureux de me retrouver parmi de vrais camarades; je ne suis pas évidemment très âgé, mais je me sens plus jeune et je retrouve mes vingt ans par cet honneur et ce plaisir de parler devant vous ce soir, ici, dans notre chère École, où j'ai passé deux années des plus belles de ma vie.

Inutile de vous dire combien notre cher Maître Raphaël-Georges Lévy a eu raison de dire que les relations entre le Portugal et la France étaient vraiment très fortes, qu'elles duraient depuis l'origine de la monarchie portugaise, qu'elles se sont continuées toujours pendant des siècles. Évidemment, selon les moments, il y a eu parfois des interruptions, des malentendus, des refroidissements; il arrive, du reste, que les meilleurs amis se boudent et se querellent, mais à ces moments même, il y a eu toujours un échange considérable d'idées entre la France et le Portugal.

Je vous signalerai un fait caractéristique. Pendant ces dernières années, au moment où une guerre de tarifs nous a séparés au point de vue commercial, la France ne cessait de nous envoyer toujours ce qu'il y a de mieux chez elle, de plus profond et de plus spirituel, de plus élégant et de plus léger : l'esprit de ses livres et la mode de ses couturières.

Et maintenant, avant d'aborder mon sujet, j'ai besoin de quelques mots d'explication, mes chers camarades, pour vous dire comment et pourquoi je suis venu ici, en ce moment, vous parler des colonies portugaises. J'en ai d'autant plus besoin que j'ai eu le regret de voir que parfois mes intentions — je viens de faire d'autres conférences ailleurs — n'avaient pas été bien comprises. J'avais cru qu'il était inutile de mettre au commencement de mes conférences quelques mots d'explication sur les causes qui me guidaient, car il me semblait qu'elles étaient tellement claires, tellement évidentes, que tout le monde les saisirait sûrement. Mais, voyez ce que sont les influences subjectives, que Spencer a si bien étudiées! On a voulu trouver des dessous à mes conférences : des politiciens ont voulu y voir une affaire politique, des commerçants l'exposé d'une grande entreprise commerciale, des boursiers une grande affaire financière.

C'est ainsi qu'à Berlin, où j'ai reçu un accueil excessivement flatteur des coloniaux et des milieux officiels allemands, auxquels je suis très reconnaissant, j'ai, quelques jours après, eu le regret de voir que certains journaux annonçaient que « probablement j'étais venu en Allemagne pour négocier la cession de l'une de nos colonies ». C'était vraiment trop fort, car il semblait bien clair que, si je venais exposer le travail du Portugal en Afrique, c'était bien pour notre cause, pour justifier nos droits et pour démentir les bruits de cession amiable de nos colonies qu'on faisait courir trop souvent, surtout en Angleterre et en Allemagne. Du reste, je dois le dire, c'étaient des exceptions; presque tous ceux qui m'ont écouté en

Allemagne, en Belgique et en France ont bien deviné le seul motif réel qui inspire mes conférences. Il est très facile à saisir, ce motif, pour des esprits français : c'est tout simplement l'amour de mon pays.

Je me suis dit, en effet, qu'en ce moment, quand on parlait tellement de la possibilité d'un partage de l'empire colonial de cette nation qui traverse malheureusement une crise très grave; qu'en ce moment, où les journaux de presque tous les pays lançaient cette nouvelle continuellement en circulation, il était nécessaire que quelqu'un vînt dire très simplement, mais très fermement, quelle est au fait la situation réelle, quel est l'esprit du Portugal au point de vue de ses colonies, quels sont les titres et les droits que le Portugal a à opposer à ces racontars.

Enfin, Messieurs, je pense que, pour le moment encore, la justice et le droit n'ont pas entièrement disparu de la terre, et je suis sûr que nous avons sur nos colonies des titres de propriété extrêmement remarquables, comme très peu de pays en possèdent pour la souveraineté des leurs, car nous avons les vieilles chartes que nos navigateurs et nos colonisateurs ont acquises par leurs efforts, il y a quatre siècles, et les titres modernes créés par l'œuvre que nous avons réalisée dans nos colonies et surtout en Afrique pendant les dernières années. Et ce sont là des titres qui méritent sûrement le respect de tout le monde civilisé.

Quand j'entends parler d'actes de violence, de partage forcé, ma raison me dit que ce n'est pas possible, à l'heure qu'il est, que les principes de la justice et du droit soient si complètement oubliés. Qu'on m'accuse d'optimisme si l'on veut, mais je me refuse à croire que, parce qu'un petit pays traverse une grave crise intérieure, les puissantes nations en profitent, tirant avantage de cette situation misérable, pour se partager les colonies qui ont coûté à ce pays tant de sang versé, tant de travail dépensé, tant de longs efforts! (*Vifs applaudissements.*)

On m'a demandé aussi, du moins j'ai vu dans quelques journaux la curiosité de le savoir : qui j'étais, d'où je venais, qui je représentais, quelle autorité j'avais pour parler de ces choses-là. Mais, mon Dieu! c'est très simple, et vraiment il serait difficile de s'y tromper. Je n'ai aucun lien avec le gouvernement actuel; je ne représente pas non plus aucune de ces grandes corporations qui peuvent avoir une voix autorisée en ce moment. Donc je ne suis vraiment personne. Mais je suis pourtant quelqu'un. Je ne suis personne, car, officiellement, je ne représente qui que ce soit; mais je suis quelqu'un, car je suis la voix des vieux navigateurs qui ont découvert ces terres qu'on veut partager; je suis le cri indigné des colonisateurs portugais qui ont créé par leurs efforts et cimenté de leur sang l'empire si convoité; je suis la clameur vague et profonde que traduit la plainte d'une nation dont le passé colonial a rempli cinq siècles d'Histoire. Oui, Messieurs, je suis en vérité quelqu'un, car je parle au nom de quelqu'un, au nom du peuple portugais. (*Vifs applaudissements.*)

Et maintenant, Messieurs, je dois vous dire que l'impression que j'ai gardée des milieux coloniaux que je viens de visiter n'a pas été pessimiste. J'ai eu l'occasion de vérifier qu'au fond la question coloniale portugaise n'était pas assez connue et qu'on se trompait, en supposant que ce « partage », cette « cession », dont on parlait si fréquemment, pouvait se faire avec le plein agrément du Portugal. Eh bien! Messieurs, j'ai dit partout ce que je crois être l'entière vérité et que je vais vous répéter ici. Le gouvernement qui songerait à vendre ou à céder nos colonies sombrerait devant la colère du pays. Le Portugal y tient beaucoup, et je suis sûr de bien traduire le sentiment de son peuple en affirmant bien haut que les colonies portugaises ne sont ni à vendre ni à prendre.

D'autre part, je me suis rendu compte qu'on ignorait généralement l'œuvre vraiment considérable que nous y avons réalisée, et qui nous crée des droits vraiment dignes du respect de tous.

Finalement, j'ai vu que même dans les pays où la convoitise était plus forte, on négligeait de considérer les avantages d'ordre général qui conseillent à ces nations, dans leur propre intérêt, le maintien du *statu quo*.

En effet, le *statu quo* c'est la politique la plus sûre et la plus raisonnable, car les colonies portugaises occupent encore, surtout en Afrique, une étendue considérable et elles sont quelque chose comme des États-tampons entre les intérêts opposés et très divergents de quelques grandes puissances; et, d'un autre côté, songez donc que remanier la carte d'Afrique serait la chose la plus dangereuse en ce moment. Une pareille tentative serait tellement grosse de conséquences, que je suis sûr qu'on hésitera avant d'aborder une tâche qui pourrait devenir une vraie boîte à Pandore. A un autre point de vue encore je pense que le *statu quo* est la meilleure des politiques, car remarquez, au point de vue de l'intérêt général, que les colonies portugaises sont ouvertes aux entreprises légitimes de tous les pays étrangers : peut-être n'en serait-il plus de même après un partage.

J'ai eu l'occasion de signaler en Allemagne le fait que, malgré un tarif assez élevé dans nos colonies de la côte occidentale, le commerce allemand avait pu prendre dans les dernières années un essor si considérable qu'en dix ans il avait augmenté de 400 p. 100. Vous voyez que, malgré les besoins douaniers, la situation que nous faisons dans nos colonies au commerce de tous les pays est très avantageuse puisqu'il ·s'y développe si largement.

Le fait que le Portugal est très peu industrialisé rend l'œuvre coloniale portugaise très profitable pour l'industrie et le commerce des grandes puissances. Nos produits coloniaux viennent alimenter beaucoup d'industries dans ces pays dont les exportations trouvent ainsi aux colonies portugaises un vaste champ d'action.

Notre œuvre coloniale n'est pas égoïstement exclusive. Elle intéresse beaucoup de pays étrangers. C'est une œuvre de coopération et en même temps une œuvre de civilisation et de progrès.

Donc, même au point de vue de la politique générale, on aurait tort de vouloir le partage des colonies portugaises; cela amènerait sûrement de fâcheuses conséquences qui seraient le châtiment de ceux qui auraient entrepris cette œuvre de spoliation.

Mais, d'un autre côté, il y a aussi certaines choses qu'il ne faut pas oublier, ce sont nos droits de propriété, et ce sont ces droits de propriété que je vais avoir l'honneur de vous exposer. Ma conférence ne sera heureusement ni un cri de détresse ni une protestation indignée. L'auditoire de choix qui me fait l'honneur de m'écouter comprendra qu'elle est le réquisitoire ferme et documenté de quelqu'un qui tient à dire franchement, nettement, ce qu'il pense d'une situation où le Portugal n'a rien à se reprocher et où il ne mérite des autres pays que la sympathie et même l'admiration pour l'œuvre qu'il a réalisée. (*Vifs applaudissements répétés.*)

Nous allons donc, Messieurs, passer en revue, d'une façon que je vais tâcher de rendre la moins fastidieuse possible, l'œuvre que le Portugal a réalisée dans les trente dernières années. Je vous la ferai voir, par une vue d'ensemble, en quelques tableaux statistiques, graphiques, complétés par des photographies. J'y ajouterai quelques observations pour mieux vous faire toucher les points les plus intéressants, les plus curieux de cette synthèse de l'œuvre réalisée dans les trente dernières années par le Portugal.

(Le conférencier fait projeter sur l'écran une carte d'ensemble des colonies portugaises.)

Cette carte vous montre l'empire colonial portugais dans son ensemble. Il a un peu plus de deux millions d'hectares et 8 à 9 millions d'habitants, ce qui nous assure le quatrième rang par rapport à la superficie et le sixième par rapport à la population parmi les peuples colonisateurs modernes. Permettez-moi maintenant de vous exposer en quelques mots l'histoire et l'évolution de l'empire colonial dont vous venez de voir la représentation cartographique.

Le Portugal a été, dès la fin du moyen âge, l'initiateur du vieux monde dans l'œuvre coloniale.

C'est lui qui, par ses hardis navigateurs, a comblé le vide des « terrae incognitae » des vieux *portulans*.

C'est lui qui, éclairant les ténèbres des mers inconnues, a découvert la route maritime des Indes et un peu plus tard de l'Amérique du Sud.

Dès 1415, par la prise de Ceuta, le Portugal commença son œuvre de conquête en Afrique. Puis, l'Infant D. Henrique, le Navigateur, s'établit à Sagres, bâtit son observatoire au cap S. Vicente : sous sa direction éclairée et tenace, la période héroïque des exploits des navigateurs portugais s'ouvrit par la découverte des îles de Porto Santo et Madeira.

Pendant quatre-vingts ans, des navigateurs portugais, parmi lesquels Nuno Tristao, Diogo Cao, Bartholomeu Dias, découvrent et jalonnent toute la côte occidentale de l'Afrique; ce dernier double enfin le redoutable cap *Tenebroso* qui devint *Cap de Bonne-Espérance*.

L'année 1498 vit réaliser le merveilleux voyage de Vasco de Gama qui, après une année de navigation, découvrit finalement la route maritime pour les Indes et toucha Calicut.

En 1500, Alvares Cabral découvrit le Brésil; pendant presque tout le XVIe siècle, les découvertes et explorations portugaises en Asie, Afrique, Amérique et Océanie se poursuivent sans relâche. De l'épopée maritime portugaise, l'Histoire gardera toujours un brillant souvenir en des pages éblouissantes de gloire.

Pendant cette période, les Portugais établirent une foule de comptoirs en Asie et en Afrique, conquirent une partie de l'Hindoustan et, sous la direction de capitaines tels que D. Francisco d'Almeida, D. Joao de Castro et surtout du grand et génial Afonso d'Albuquerque, fondèrent leur premier empire colonial, l'empire asiatique.

Le trafic commercial et le prosélytisme religieux ont été les deux principes dominants de cette œuvre portugaise.

L'esprit d'aventure y entra aussi pour beaucoup; un des plus remarquables types de ces amoureux du nouveau et de l'inconnu, a été le fameux voyageur Fernao Mendes Pinto. C'est l'œuvre religieuse pourtant qui pénétra plus loin et montra plus de résistance.

Dans tout l'Indoustan, en Chine, au Japon, etc., l'œuvre des missions portugaises s'exerça largement et le nom de S. François Xavier, l'apôtre des Indes, restera lié pour toujours à l'histoire de l'Inde.

Les vicissitudes de la situation ultérieure compromirent l'œuvre portugaise en Asie, dont cependant le Portugal garde encore, comme de glorieux souvenirs, les colonies de Goa, Diu, Damao et Macau.

Pendant une partie du XVIIe et tout le XVIIIe siècle, le

Portugal, en dépit de ses luttes avec l'Espagne, a poursuivi son œuvre coloniale, portant son attention surtout vers l'Amérique où il sut se créer un grand et florissant empire, le Brésil. Celui-ci, dont l'avenir est immense, a proclamé son indépendance en 1822, mais reste toujours un pays frère et ami, dont les relations économiques et intellectuelles avec le Portugal sont très étroites et très cordiales. C'est l'œuvre la plus belle de la colonisation portugaise.

Les troubles de la politique intérieure, pendant la première moitié du xixe siècle, ont amoindri, pour un certain temps, l'intensité de l'œuvre coloniale, mais dans la seconde moitié de ce siècle elle reprend avec un notable essor.

Parmi ses initiateurs, nous devons citer les noms des ministres Sa da Bandeira, Rebello da Silva et Andrade Corvo : ils ont fortement influencé la nouvelle politique coloniale, dont l'élan devient remarquable surtout à partir de 1880, année où le Portugal a célébré par un beau mouvement de l'esprit national, le tricentenaire de son grand poète, le chanteur de ses gloires d'antan, Luiz de Camoes.

C'est surtout vers l'Afrique que se porta l'effort des dernières trente années.

La conférence de Berlin avait établi en 1885 les nouvelles bases du droit politique africain moderne, mettant au deuxième rang les droits de découverte et faisant de l'occupation effective une condition essentielle de souveraineté.

Le Portugal ayant conclu successivement avec tous les pays voisins de son domaine colonial africain des traités de limites et fixé ainsi l'étendue de ses possessions africaines d'une façon authentique, se mit bravement au travail.

Le bilan de ce partage lui laissa un empire colonial de 2.008.139 kilomètres carrés, peuplé par environ 8.700.000 habitants ainsi distribués.

Afrique occidentale.

Cap Vert (population : 147.500 habitants. / superficie : 3.882 kil. carrés.

Guinée (population : 213.000 habitants. / superficie : 36.125 kil. carrés.

S. Thomé (population : 42.130 habitants. / superficie : 940 kil. carrés.

Angola (population : 4.181.000 habitants. / superficie : 1.256.000 kil. carrés.

Afrique orientale.

Mozambique (population : 3.120.000 habitants. / superficie : 760.000 kil. carrés.

Asie.

État de l'Inde (population : 532.000. / superficie : 4.242 kil. carrés.

Macau (population : 78.600 habitants. / superficie : 10 kil. carrés.

Océanie.

Timor (population : 304.009 habitants. / superficie : .19.000 kil. carrés.

Ce domaine colonial assure encore un assez beau rang au Portugal parmi les pays colonisateurs.

Il faut du reste observer que ce rang est bien mérité, non seulement comme hommage aux découvertes et explorations des Portugais, mais aussi comme un résultat logique de sa capacité d'expansion et de ses aptitudes colonisatrices.

La preuve la plus éclatante de cette vérité indiscutable c'est que, tandis que le Portugal ne possède en Europe que 6.500.000 habitants environ, le nombre des Portugais, originaires du continent, de Madère et des Açores établis au Brésil, aux colonies portugaises et dans les pays étrangers est évalué à près de trois millions.

Si on ajoute à ces chiffres ceux de la population du Brésil, dont la langue est la même, on arrive au total considérable de 30.000.000 d'habitants parlant le portugais et appartenant à la famille lusitanienne.

Le Portugal a donc été entraîné pendant les dernières trente années dans son œuvre coloniale par des raisons où l'atavisme joue sans doute un certain rôle, mais où la principale cause agissante provient de besoins économiques et sociaux. Depuis cinq siècles il s'est voué aux entreprises coloniales, poussé par des causes qui, à quelques différences près, se ressemblent toujours beaucoup. Il possède donc par atavisme et par nécessité des qualités vraiment exceptionnelles pour l'œuvre de colonisation. L'histoire des trente dernières années va nous le confirmer d'une façon éclatante.

L'œuvre de l'occupation effective a été un des grands soins du Portugal pendant cette période. Pour une partie des territoires de la côte orientale, il s'est aidé à cet effet du régime des grandes compagnies à Charte; partout ailleurs, des postes militaires furent établis, rayonnant dans la direction de l'*hinterland*, pour assurer la souveraineté portugaise dans tout le territoire délimité par les conventions et pour garantir le maintien de l'ordre. L'administration civile, les comptoirs de commerce et les exploitations agricoles les suivirent de près.

Les missions religieuses s'éparpillèrent par toutes les provinces rendant dans certaines régions des services remarquables. Bref, on peut dire que, à l'heure qu'il est, le Portugal s'est assuré l'occupation effective de son empire colonial d'une façon à peu près semblable à celle réalisée par ses voisins de l'hinterland.

Nous ferons maintenant un petit voyage pour lequel le tapis merveilleux des contes persans nous serait nécessaire.

Nous allons visiter quelques villes des colonies portugaises. Nous irons en Afrique, en Asie et en Océanie et je vous prie de faire attention aux vues panoramiques qui vont défiler sur l'écran : car j'espère que vous serez tous frappés d'une même impression que je ne veux pas gâter en vous l'annonçant d'avance.

(*Sur l'écran sont projetées les vues des villes de Praia, S. Thomé, Bolama, Loanda, Mossamedes, Lourenço-Marques, Mozambique, Beira, Macau et Dilly.*)

Je suis sûr, mes chers camarades, que vous aurez remarqué combien la construction, la disposition, l'aspect de toutes ces villes a des points de ressemblance.

On dirait qu'elles ont une physionomie de famille, et ceux d'entre vous qui auront été au Portugal en reconnaîtront tout de suite l'origine. Vous vous rendez compte par ces documents d'un des caractères saillants de la colonisation portugaise. Elle garde son empreinte d'origine; défauts et qualités, tout y est. Les colonies portugaises ne sont pas portugaises par le seul droit de souveraineté, elles le sont surtout par descendance, car elles gardent très fortement l'empreinte du pays d'origine.

Pour vous montrer l'œuvre coloniale portugaise des trente dernières années, je vous la ferai apprécier dans ses résultats d'ensemble.

Examinons donc sa vie financière, qui est en quelque

sorte un résumé des résultats obtenus, mais qu'il faut lire avec beaucoup de soin et même avec quelques réserves. Tous les phénomènes sociaux ont leur répercussion dans la vie économique et financière et peuvent être étudiés et compris par l'étude de celle-ci.

(On projette un tableau graphique : statistiques des recettes et dépenses pour les trente dernières années, statistiques des déficits.)

Vous voyez que la ligne des dépenses est toujours un peu plus élevée que celle des recettes. C'est naturel quand il s'agit de pays neufs qui ont besoin de grandes dépenses d'aménagement.

La courbe ascensionnelle des recettes qui, partie en 1880 de 8,8 millions, atteint en 1910 le chiffre de 50 millions, atteste le progrès des colonies portugaises, car, si elles n'étaient pas suffisamment bien administrées, si elles ne progressaient pas, les revenus ne pourraient augmenter de cette façon très remarquable.

L'augmentation des dépenses a entraîné des déficits constants dont vous voyez dans le graphique la courbe ascensionnelle. Le besoin d'outillage est la cause de ces déficits, où l'on retrouve pour beaucoup aussi les dépenses dites d'occupation. Malgré cela, je dois vous dire que les colonies portugaises n'ont pas de dettes. C'est la métropole qui a toujours payé les déficits coloniaux qui sont incorporés dans la dette métropolitaine. Au cours des trente dernières années, nous avons payé un peu plus de 332 millions de francs pour solder les déficits dus soit à l'occupation militaire, soit à l'outillage dont nous avons doté toutes nos colonies.

Vous voyez que cette courbe des dépenses, somme toute assez frappante, montre aussi quel a été le progrès des colonies portugaises :

(Sur l'écran est projeté un graphique des recettes et des

dépenses figuré par deux cercles dont les secteurs représentent les divisions du budget, leur pourcentage, etc.)

Maintenant, quelques mots sur les grandes lignes du budget colonial pour vous expliquer comment les choses sont organisées. Vous avez là un graphique qui vous montre le dernier budget des colonies. Vous voyez qu'il y a assez d'équilibre. Les trois secteurs les plus importants sont : les impôts directs, les impôts indirects et les revenus du domaine et des exploitations de l'État. J'appelle spécialement votre attention sur l'impôt que paient les indigènes, dont le montant total, 8 millions, prouve très clairement que nous ne les pressurons pas.

Pour les dépenses, vous voyez que le cercle est également divisé en plusieurs secteurs. Vous remarquerez que ces dépenses sont suffisamment équilibrées, sauf pour les dépenses militaires qui se montent à plus de 12 millions de francs. Je dois ajouter que la moyenne annuelle des dernières trente-cinq années est encore plus élevée, à cause de certaines expéditions militaires ; on peut l'évaluer à 20 millions.

Somme toute, je pense que ce budget donne une impression assez satisfaisante et que l'on en retire surtout l'idée très nette que le Portugal ne pressure pas l'indigène pour équilibrer ses budgets. Évidemment, la somme consacrée aux travaux publics n'est pas énorme, mais remarquez qu'il s'agit d'un budget où ne figurent pas les ressources extraordinaires qui permettent d'intensifier ce genre de travaux et dont la principale est, comme vous le savez, l'emprunt.

(Graphique du mouvement de l'émission des billets de banque, du portefeuille et des emprunts hypothécaires du Banco Nacional Ultramarino.)

Maintenant, pour parler encore de la vie financière aux colonies, vous voyez, dans cet autre tableau, quelques lignes qui vous indiquent la progression de l'émission des billets de banque, des emprunts hypothécaires et du portefeuille du Banco Nacional Ultramarino.

Vous remarquerez que l'augmentation est considérable pour une période de dix années. Il est inutile de vous dire que je ne suis pas partisan d'affaires hypothécaires entreprises par une banque d'émission, et que je pense qu'il y a encore d'autres erreurs dans notre régime financier colonial, mais retenons seulement les chiffres de l'ensemble desquels je pense avoir le droit de dégager une impression assez favorable pour le progrès et le développement des colonies portugaises.

Et, du reste, pour la compléter, je dois ajouter que le capital des compagnies coloniales ayant leur siège à Lisbonne, compagnies coloniales agricoles, industrielles, etc..., se chiffre par 263 millions de francs, chiffre respectable pour un petit pays comme le Portugal. La valeur de capitalisation des entreprises agricoles et industrielles aux colonies portugaises, établie par M. A. Ribeiro, écrivain très expert en ces matières, est évaluée à quatre milliards six cent quatre-vingt-sept millions de francs. C'est un chiffre, vous en conviendrez, qui honore le travail colonisateur du Portugal.

Parlons maintenant de l'administration. Je vous dirai que les colonies portugaises sont administrées d'une façon assez libérale. La loi de 1869 qui règle les grandes lignes de cette administration a été très bien conçue. On a maintenant besoin pour certaines colonies d'un peu plus de décentralisation, mais ce sont là des expériences qu'il faut faire avec beaucoup de mesure. Pour assurer un bon recrutement du personnel administratif, nous avons une école coloniale à Lisbonne : la loi ordonne que les fonctionnaires du Ministère des Colonies servent à tour de rôle un certain temps aux colonies mêmes. L'administration s'appuie sur l'organisation indigène, dont ont respecte les cadres et la hiérarchie. Le territoire est divisé en provinces, districts, concessions, commandements, etc. et en petites circonscriptions où l'on retrouve des chefs indigènes. Certaines contrées sont encore au régime de l'administration militaire, mais on élargit de plus en plus l'organisation civile. A côté de l'administration centrale, il y a certains corps électifs, et dans les villes l'organisation municipale est établie. Je vais vous faire voir, à titre de commentaire, quelques-unes des installations de l'administration coloniale portugaise.

(Sur l'écran défilent les vues suivantes :)

Palais du gouverneur de Mozambique.

La résidence du secrétaire général à Lourenço-Marques.

Bureaux de l'État à Macau.

Hôtel de ville à Liquiça (Timor).

Hôtel de ville à Pangim (États de l'Inde).

Le Marché à Lourenço-Marques.

Les casernes à Dilly (Timor).

Je pense que vous garderez, de la vue de ces bâtiments, une assez bonne impression de l'administration coloniale portugaise. Évidemment, nous avons encore beaucoup à faire pour la doter de toutes les installations nécessaires, mais soit pour les installations de l'administration centrale, soit pour celles de l'administration municipale, il y a déjà un travail réalisé assez considérable.

Nous parlerons maintenant des services sanitaires.

Vous connaissez l'importance de ces services. A ce point de vue, le Portugal n'a rien à se reprocher. Non seulement, nous avons à Lisbonne une école destinée à donner l'enseignement concernant les maladies coloniales, l'École de Médecine tropicale, mais nous avons, en outre, envoyé, à maintes reprises, des missions spéciales chargées d'étudier ces maladies dans les colonies, et nous avons doté la plupart de celle-ci de services sanitaires réguliers.

Je vais vous faire voir quelques hôpitaux qui, je l'espère, vous donneront une opinion favorable des services sanitaires établis aux colonies portugaises.

(Défilent sur l'écran des vues des hôpitaux de S. Thomé, Loanda, Mozambique et Timor, et une vue intérieure prise dans un de ces hôpitaux, à l'infirmerie des enfants.)

Je vous dirai encore que pour assurer les services médicaux aux colonies, le gouvernement possède un cadre officiel de médecins coloniaux, et que, dans plusieurs villes, des travaux considérables d'assainissement ont été réalisés pendant ces dernières trente années.

Passons maintenant à une autre classe de services publics, qui peut aussi nous servir d'indicateur des progrès réalisés aux colonies portugaises.

(Deux graphiques sont projetés montrant le mouvement des postes et télégraphes.)

Voici deux graphiques qui vous montrent le mouvement des postes et télégraphes. La première courbe figure la longueur des fils télégraphiques posés aux colonies. En 1910, nous y possédions 11.500 kilomètres de fils télégraphiques. Les villes les plus importantes sont reliées entre elles par le télégraphe. Et, d'autre part, par voie de câble sous-marin, toutes nos colonies sont reliées avec la mère-patrie. Ce service prend chaque jour une extension nouvelle; la longueur des fils a doublé dans les dernières dix années.

L'autre graphique vous montre le nombre des bureaux de poste. Là encore le progrès est remarquable : il y a dix ans, on constatait 160 bureaux; nous arrivons aujourd'hui à 355.

Dans cet autre tableau, vous avez le mouvement des

objets transportés par la poste aux colonies d'Afrique. De 3.600.000 en 1900, ils ont passé à 10.500.000. Vous avez également le mouvement des mandats-poste, dont le montant a été en 1900 de 2 millions et a atteint en 1909 7,5 millions de francs. Ce sont là des signes indéniables de progrès et de développement.

Je vais vous montrer l'hôtel des postes et télégraphes construit le plus récemment aux colonies portugaises : comme vous voyez, sans être somptueux, c'est un assez beau bâtiment.

(*Sur l'écran est projeté l'hôtel des postes de Lourenço-Marques.*)

C'est maintenant le moment de vous dire quelque chose sur les chemins de fer. Vous savez quel rôle ils représentent dans le développement des pays neufs. Il suffira de vous faire remarquer que, par exemple, le transport d'une tonne de caoutchouc à 500 kilomètres de distance exige 50 hommes et un voyage de 50 jours si on ne dispose que du transport à dos d'homme. Le transport dans ces conditions revient à 1.250 francs par tonne environ. Le chemin de fer colonial l'effectue en deux ou trois jours, à un prix qui ne dépasse pas 300 francs par tonne, et encore peut on arriver à faire le transport beaucoup plus vite et un peu meilleur marché.

Le Portugal a déjà fait beaucoup pour la construction des chemins de fer dans ses colonies. Plusieurs lignes sont en construction et d'autres à l'étude. On construit en ce moment, par année, de 250 à 350 kilomètres de chemin de fer aux colonies portugaises. Quant à l'œuvre des dernières trente années, elle a à son actif près de 1600 kilomètres actuellement en exploitation.

(*Sur l'écran est projeté un graphique montrant le développement de la construction des chemins de fer coloniaux portugais.*)

Vous voyez là les principales lignes de chemin de fer existant actuellement aux colonies portugaises : trois à Angola, trois à Mozambique et une dans les États de l'Inde.

La construction de quelques-uns de ces chemins de fer a beaucoup intéressé nos voisins de l'Hinterland, et je vous ferai remarquer que nous avons cherché toujours à rendre faciles les communications de ces voisins avec la mer. Les voies de pénétration déjà construites et celles en construction assureront bientôt un large essor au développement de certaines régions des colonies. Vous allez voir dans un graphique le progrès déjà réalisé et vous comprendrez d'autant mieux ce qu'on peut attendre de l'avenir.

(Sur l'écran est projeté un graphique du mouvement des voyageurs et marchandises des chemins de fer coloniaux et de leurs recettes et dépenses.)

Le mouvement des voyageurs a passé de 85.000 personnes en 1894 à 240.000 en 1909, et celui des marchandises de 40.000 tonnes en 1894 à 826.000 tonnes en 1909. Quant aux recettes, partant de un million en 1902, elles ont atteint, en 1909, 17,5 millions. Nous allons compléter ces données numériques en considérant les lignes de chemins de fer dont je viens de vous entretenir.

(Plusieurs vues sont projetées, de ponts en construction, de chantiers, de lignes en construction, de lignes construites, etc., dont les principales sont : pont sur le Lucalla au chemin de fer d'Ambraca; pont de Catumbella; viaduc dans la ligne de Lobito; tête de ligne à Lourenço-Marques; pont sur l'Umbelugi; viaduc du Dude-Sagor.)

L'impression qui se dégage des photographies que vous venez de voir est des plus favorables, car cela vous montre, d'une façon très documentaire, que le Portugal a su marcher, comme les autres pays colonisateurs, dans les voies de développement économique dont les chemins de fer sont le ressort.

J'espère du reste rendre encore plus précise cette impression en vous donnant quelques chiffres sur le mouvement commercial.

Commençons par les colonies de l'Afrique occidentale.

(*On projette un graphique du mouvement commercial.*)

La ligne de ce graphique vous montre le progrès réalisé en dix-neuf ans. Le total du mouvement commercial était en 1890 de 75,5 millions ; il se chiffrait en 1909 par 150,5 millions, malgré une crise assez longue en Angola dont vous voyez la répercussion dans les fléchissements de quelques années. En tout cas, la progression totale est encore assez importante. Je vous ferai remarquer que la ligne des exportations dépasse de plus en plus la ligne des importations, ce qui signifie que la production a augmenté et devient de plus en plus importante. C'est une affirmation très sûre des progrès de la colonisation portugaise.

Nous allons examiner le fait plus en détail dans d'autres graphiques.

(*Sur l'écran on projette un graphique de l'exportation de certains produits.*)

Ici, vous voyez en détail la progression de certains produits : graines oléagineuses, cire, coton et autres.

Ces lignes ne présentent pas un grand progrès, mais vous allez voir dans d'autres tableaux, pour d'autres produits, que le progrès s'est dessiné d'une façon vraiment éclatante.

(*On projette un graphique de l'exportation d'autres produits, notamment du cacao, du café et du caoutchouc.*)

Je vous ferai remarquer la progression admirable de

la production du cacao. Sa disproportion avec les autres produits peut nous faire accuser de nous laisser entraîner par la monoculture, mais heureusement on commence à s'occuper très activement d'autres exploitations, spécialement du caoutchouc et du coton.

La ligne de production du caoutchouc a subi des fluctuations considérables. Cela provient de ce que les indigènes l'exploitaient très mal. On a commencé à mettre bon ordre à cet état de choses, en imposant aux indigènes certaines obligations pour l'exploitation.

La ligne du café descend. C'est là la conséquence de la concurrence de notre ancienne et belle colonie du Brésil, qui est aujourd'hui le plus fort producteur de café du monde.

Pour vous rendre plus tangible la marche du mouvement commercial, je ne me tiendrai pas seulement aux chiffres, je vais vous montrer quelques-uns des ports où ce mouvement s'effectue.

(*Sur l'écran défilent des vues des ports de Mindello, S. Thomé, Bissau, Looanda, Benguella et Lobito*).

Le port de Mindello a, comme d'autres ports du Cap Vert, une importance considérable non seulement stratégique, mais surtout comme port d'escale. Ce sont des ports charbonniers que leur situation géographique rend vraiment précieux.

Parmi les autres ports, dont quelques-uns ont d'excellentes conditions naturelles, je vous signalerai particulièrement le port de Lobito, tête de ligne d'un grand chemin de fer de pénétration qui ira jusqu'au Katanga. Ce sera, dans un temps très rapproché, un des ports les plus importants de la côte occidentale africaine.

Nous passons maintenant à la côte orientale.

(*On projette un graphique du mouvement commercial.*)

Ici les chiffres du commerce passent de 32 millions

en 1892 à 338 millions de francs en 1909. Ce serait trop beau si c'était uniquement le commerce portugais qui donnait naissance à de tels chiffres.

Il y a là pour beaucoup le commerce de transit qui se fait avec le Transvaal; mais nous avons bien le droit de considérer ce commerce comme très important pour notre colonie de la côte orientale, car il y a en Europe des ports, comme Anvers et Hambourg, où une grande partie du trafic commercial est aussi du transit.

Vous allez voir du reste dans une statistique de détail que le mouvement commercial témoigne aussi d'un développement croissant de la culture et de la production régionales.

(Sur l'écran paraît un graphique de l'exploitation de certains produits, notamment les produits oléagineux, le sucre et le caoutchouc.)

Comme vous le remarquerez, l'augmentation de production des produits oléagineux et du sucre est vraiment considérable.

Nous allons maintenant visiter les ports par où se fait le trafic des marchandises dont nous venons d'évaluer le mouvement.

(Sur l'écran se projette le phare de Inhaca.)

Nous sommes près de Lourenço-Marques, et je dois vous dire, à propos de ce phare que vous voyez, que le Portugal a un service d'éclairage assez bien installé et assez complet dans toutes les côtes et ports de ses colonies.

(Sur l'écran défilent des vues des ports de Lourenço-Marques, Beira, Quelimane, Mormugâo et Macau).

Ces documents vous donneront l'idée de l'outillage actuel des ports de nos colonies de la Côte orientale, de l'Inde et de la Chine.

Vous avez vu que les ports de Lourenço-Marques et Mormugâo sont parfaitement outillés. Le mouvement du premier est déjà très important. En 1909, les entrées ont été de 603 grands bateaux et, fait très intéressant, un tiers de ces bateaux arboraient le pavillon portugais.

Notre marine marchande est maintenant réduite et ce qui nous reste vit surtout de la navigation coloniale.

La seule grande compagnie maritime existant au Portugal, la « Empreza Nacional de Navegaçao », a un service très bien organisé pour toutes nos colonies d'Afrique.

Le port de Macau a aussi une importance considérable pour le commerce de transit avec les ports du fleuve de l'Ouest. Malheureusement, il s'ensable fortement et nous aurons besoin de grandes dépenses pour le maintenir au rang qu'il a occupé. Examinons maintenant un autre sujet.

(Sur l'écran défilent les vues d'une école primaire à Quelimane; une usine à l'école des arts et métiers; les installations de la mission de l'Huilla et une vue de la mission de Seibada.)

Nous abordons, Messieurs, le problème, je ne dirai pas de l'instruction, mais surtout de l'éducation de l'indigène.

Pour tout État colonisateur, un des tout premiers devoirs c'est d'amener petit à petit les indigènes à un état de civilisation plus avancé.

Le Portugal s'est employé en vue de cette œuvre si nécessaire, soit par le service officiel des écoles, primaires ou autres, soit par les travaux des missions. Plusieurs de ces dernières ont accompli dans nos colonies des choses remarquables.

Je vais vous montrer, à titre de document, une école primaire. Nous en avons au moins une dans chaque siège de district. Vous pouvez constater que cette école, qui est pour les jeunes filles, est assez bien outillée; il y a même une machine à coudre.

Cette autre vue vous montre que l'enseignement des arts et métiers n'est pas complètement négligé aux colonies portugaises. Elle représente une petite usine où il est donné aux indigènes. Il y a aussi des installations pour l'enseignement de quelques métiers dans presque toutes les missions d'une certaine importance.

La mission est un instrument qui a beaucoup de valeur pour la réalisation de l'œuvre de civilisation qui est le premier devoir de tout État colonisateur. Les missions ont rendu bien des services en Afrique. Quelques-unes, il est vrai, n'ont pas fait tout ce que l'on était en droit d'attendre d'elles, mais en général on peut dire que leur œuvre témoigne d'un admirable dévouement. Vous avez ici les photographies de deux missions portugaises : celle de l'Huilla à Angola et celle de Seibada à Timor. Je vous rappelerai que l'action des missions catholiques portugaises a eu autrefois une très grande portée au point de vue du prosélytisme religieux.

Le nom de saint François Xavier reste lié à l'histoire de l'Inde et l'existence actuelle d'une juridiction religieuse portugaise en Inde et en Chine, sur des territoires qui ne nous appartiennent pas, est encore un témoignage de l'influence morale et politique de notre œuvre religieuse en Orient.

Je crains malheureusement qu'on ait trop oublié récemment au Portugal que, comme l'a dit un grand esprit français, l'anticléricalisme n'est pas un article d'exportation aux colonies, et que l'existence de notre *Padroado d'Oriente* en soit affectée.

L'œuvre de colonisation blanche aux colonies portugaises en Afrique n'est qu'à présent en possession des voies de son développement effectif. En effet, sur la côte et dans les zones de faible altitude, la colonisation blanche est très précaire. Nous avons bien cinq générations blanches à Mossamedes et quelques autres exemples par ci par là, mais c'est encore un problème douteux que de savoir si la race blanche peut réellement se propager d'une façon définitive et suivie dans les contrées tropicales de peu d'altitude. Au contraire, dans la zone des plateaux, la race se reproduit et subsiste dans de très bonnes conditions, et aujourd'hui que les lignes de chemins de fer assurent la facilité de communications avec les terres hautes, nul doute que la colonisation portugaise y prendra un remarquable essor.

Maintenant, je vais vous parler d'une branche de l'activité coloniale dans laquelle le Portugal s'est spécialisé et où il a vraiment atteint, pour certaines cultures, un degré de perfectionnement qui a mérité d'être étudié et copié par d'autres pays. C'est la branche des travaux agricoles. En disant cela, je ne fais que répéter ce que plusieurs coloniaux français, anglais et allemands ont dit ou écrit.

Je vais vous faire visiter une culture de cacao à S. Thomé, l'île pittoresque que le travail portugais a transformée en un véritable Pactole. L'exportation du cacao de S. Thomé a passé de 2 millions en 1890 à 19 millions en 1900 et à 47 millions en 1909.

(*Sur l'écran sont projetées les vues suivantes : vue d'ensemble des installations d'une Roça ; les habitations des travailleurs ; le départ pour le travail ; la cueillette du cacao ; le bris des cabosses ; les caisses de fermentation ; les plateaux de séchage ; le triage et la mise en sac ; un hôpital dans une Roça ; la crèche pour les négrillons ; une famille indigène.*)

Dans ces documents nous pouvons suivre les étapes de la culture et de la préparation du cacao et nous rendre compte de la façon dont sont traités les travailleurs indigènes.

On voit comme la culture est perfectionnée et comme

les *roceiros* ont su tirer parti des conditions climatériques de S. Thomé. Vous pouvez aussi constater combien le régime de traitement des travailleurs indigènes est humanitaire. On a souvent calomnié le Portugal à ce propos et très souvent ces calomnies étaient payées. Mais la vérité s'est fait jour et le témoignage de coloniaux très compétents, parmi lesquels je citerai M. Chevalier, qui a été longtemps à S. Thomé, a réduit à néant certaines campagnes soi-disant humanitaires dont l'intérêt monétaire était trop visible. Pour qui sait ce que vaut la main-d'œuvre aux colonies, il serait du reste évident que, même par simple intérêt commercial, les *roceiros* de S. Thomé ne pouvaient pas maltraiter leurs travailleurs.

Quelques-unes des exploitations agricoles de S. Thomé sont de vrais modèles que les coloniaux de tous les pays viennent étudier.

Il aurait suffi au Portugal de compter parmi les résultats de son œuvre des dernières trente années S. Thomé et Lourenço-Marques pour pouvoir s'enorgueillir de sa capacité coloniale actuelle. Nous avons, dans notre vaste empire, des régions en progrès et des régions en souffrance. C'est ce qui se passe aussi dans les autres pays. Nous avons bien le droit de proclamer à la face de ceux qui, pour des fins inavouables, décrient et avilissent l'œuvre coloniale portugaise, que nous ne craignons pas d'étaler au grand jour notre œuvre et de demander le jugement des gens de bonne foi.

Oui, Messieurs, nous pouvons dire à nos détracteurs : Avant vous, nous sommes venus en Afrique et ce sont nos marins qui vous ont ouvert la route maritime. Avant vous, nous sommes venus en Afrique et ce sont nos explorateurs et nos commerçants qui vous ont appris à connaître les régions de ce vaste et mystérieux continent.

Partout vous trouverez des témoignages du passage

ou de l'influence portugaise dans le grand continent noir. Bien souvent vos voyageurs ont dû leur salut au drapeau bleu et blanc, qui flottait très loin dans des régions où peu d'Européens s'aventuraient.

Dans les temps passés nous avons été vos devanciers et dans les temps modernes nous tenons à ne pas nous laisser dépasser de beaucoup.

Nous avons bien quelques droits à nos terres africaines, car, remarquez-le, nous pouvons vous y faire voir nos titres de noblesse dans de vieilles forteresses comme celle de Senna, qui représentent notre prise de possession il y a quatre siècles, et notre signature commerciale dans des documents comme ceux du port de Lourenço-Marques, qui ne nous font pas rougir devant votre outillage perfectionné.

(Sur l'écran ont été projetées une vue de la vieille forteresse de Senna et une vue du port de Lourenço-Marques, ayant au premier plan une grue électrique de la force de 60 tonnes.)

Oui, mes chers camarades, je crois que vous reconnaîtrez que les documents que je viens de vous montrer constituent une réponse péremptoire aux détracteurs de l'œuvre coloniale portugaise. Permettez-moi, pour terminer, de faire une synthèse de la synthèse, résumant en quelques affirmations tout ce que je viens de vous dire. Je soutiens que :

1° Le Portugal a accordé un grand intérêt à son œuvre coloniale, surtout en Afrique, pendant les trente dernières années : il en a fait, en quelque sorte, le pivot de sa politique extérieure et intérieure. L'opinion publique s'intéresse beaucoup aux questions coloniales;

2° Le mouvement intellectuel en connexion avec cette œuvre coloniale s'est montré très puissant, soit par les explorations scientifiques réalisées et par la création de sociétés d'études coloniales, soit par la fondation d'une École coloniale et de chaires de géographie coloniale et de colonisation, soit par la réunion de congrès coloniaux et par un vaste mouvement bibliographique, où les journaux, revues et livres sur les sujets coloniaux abondent en quantité et en qualité;

3° La politique de l'occupation effective, entraînant de grandes dépenses sans doute, a abouti pourtant à l'occupation réelle de tout le territoire sous la souveraineté portugaise;

4° L'outillage colonial se perfectionne d'une façon notable. Lourenço-Marques et S. Thomé sont, à des points de vue très différents, deux preuves éclatantes de ce que peut faire la colonisation portugaise;

5° Le mouvement commercial se développe considérablement non seulement au profit du Portugal, mais aussi et beaucoup en faveur des pays étrangers;

6° Le Portugal a sacrifié beaucoup de vies, beaucoup d'argent et de travail pour cette œuvre coloniale. Les colonies portugaises n'ont pas de dettes : tous les déficits de leurs budgets ont été régulièrement comblés par les finances métropolitaines;

7° Le Portugal n'a jamais reculé devant les sacrifices nécessaires pour assurer à ses voisins de l'hinterland de faciles communications avec la mer;

8° L'œuvre coloniale portugaise a profité à la terre africaine, dont une certaine partie a été mise en culture et dont une grande part bénéficie déjà de l'avantage des voies de communications régulières et de plusieurs progrès de la civilisation moderne;

9° L'œuvre coloniale portugaise a été féconde pour l'indigène, qui jouit aux colonies portugaises des droits de citoyen libre et qui s'est vu assurer par les règlements, son indépendance contre le despotisme féroce des *sobas*, et la libre possession du produit de son travail.

Dans son ensemble, l'œuvre réalisée par le Portugal au cours des années qui vont de 1880 à 1910, est vraiment remarquable, et si l'on fait attention à la modestie de ses ressources en population et en richesse, on peut affirmer qu'il n'a été dépassé par aucun de ses coopérateurs dans l'œuvre de civilisation africaine.

Sans doute, si on y regarde de près, on trouvera que beaucoup d'erreurs ont été commises, qu'on a manqué souvent de méthode, mal dépensé beaucoup d'argent et maintenu souvent des idées un peu arriérées en matière d'administration coloniale.

Mais on doit reconnaître que, si une analyse minutieuse de l'œuvre coloniale portugaise pendant ces trente années prête le flanc à des critiques sérieuses, elle est aussi extrêmement féconde en enseignements profitables.

Je pense donc que le Portugal mérite la sympathie des pays civilisés et surtout celle des Français, qui savent ce que ces œuvres coloniales coûtent en hommes et en argent.

Les femmes portugaises ont depuis longtemps dressé avec leurs larmes la statistique de ceux que nous avons perdus aux colonies. Le tableau de notre dette publique peut vous dire ce qu'elles nous ont coûté en argent.

J'espère, Messieurs, que vous, qui avez réalisé dans les dernières années une œuvre coloniale si vaste, qui savez combien elle demande de vies, de capitaux et d'efforts de toutes sortes, vous me comprendrez et vous direz avec moi que vraiment le Portugal n'a rien à craindre pour ses colonies, tant que la justice et le droit règneront sur la terre. (*Vifs applaudissements répétés.*)

ALLOCUTION FINALE
DE M. RAPHAEL-GEORGES LÉVY

Mesdames, Messieurs,

Vous venez de devancer par vos applaudissements les paroles que j'allais adresser à notre conférencier, pour le remercier du plaisir qu'il nous a fait et lui dire l'émotion qu'il nous a causée. Car, en entendant sa chaude et vibrante parole, nous ne sentions pas seulement dans cette éloquence l'expression d'un sentiment personnel, mais nous entendions la voix même de sa patrie.

Le comte de Penha-Garcia sait que, s'il y a un pays où cette voix trouve un écho, c'est bien dans le nôtre, et que, si jamais un péril pouvait menacer les colonies portu·gaises, ce n'est pas de France qu'il viendrait.

Nous le remercions de grand cœur d'être venu ici nous éclairer, de nous avoir fait connaître les vues d'un économiste, d'un financier, d'un statisticien, et de nous avoir ainsi fourni le moyen de juger l'œuvre réalisée par ses compatriotes dans leurs colonies.

Nous ne pouvons, à notre tour, que leur souhaiter de persévérer dans la voie où ils sont entrés et de donner chaque jour plus de raisons aux autres peuples de respecter le fruit de leur travail, le résultat de leurs efforts.